Renate Zimmer

ELTERN FÖRDERN IHRE KINDER

Mach einfach mit!
Bewegungsförderung

Klett velber

Für Eltern

Für Kinder

Kinder brauchen Bewegung

Kinder springen und rennen, balancieren und klettern, wo immer sie dazu Gelegenheit haben. Mit Begeisterung nehmen sie auch größere Hindernisse in Kauf: Sie klettern auf Mauern und balancieren über Bordsteinkanten, springen über Pfützen und werden nicht müde, mit der Rolltreppe um die Wette zu laufen.
Sicher fragen Sie sich häufig: Muss das denn sein? Ist es nicht nur vergeudete Kraft und verschwendete Zeit, wenn mein Kind auf dem Weg zum Einkaufen an keiner Treppe vorbeigehen kann, ohne sie mal eben schnell hinaufzusteigen und gleich wieder herunterzuspringen?
Es muss sein und es ist wichtig, dass Kinder vielen solchen Herausforderungen im Alltag begegnen. Kinder brauchen Bewegung, um sich körperlich und geistig gesund zu entwickeln. Durch Bewegung wird ihre allgemeine Entwicklung gefördert. Über Bewegung setzen sie sich mit ihrer Umwelt auseinander, sie trainieren dabei ihren Körper, aber auch ihren Geist. Sie entwickeln Geschicklichkeit

BEWEGUNG MUSS SEIN!

Kinder brauchen Bewegung, um sich selbst kennen zu lernen, um ihre Fähigkeiten zu erweitern und um sich ein Bild von der Welt und von sich selbst in ihr zu machen. Dazu ist er nötig: der Sprung über die Pfütze oder von der Gartenmauer. Er ermöglicht Ihrem Kind, die Höhe einzuschätzen, das eigene Gewicht aufzufangen …

und Ausdauer und lernen die Gesetzmäßigkeiten der Dinge, mit denen sie sich bewegen, kennen: Wie springt ein Ball auf einer Wiese, wie springt er auf einer Betonfläche oder auf einem Sandboden, wie kann ich das beeinflussen?

Durch Bewegung entdecken Kinder die Welt.

Aber wo können Kinder heute noch ungestört und ungefährdet springen, hüpfen und laufen? Nur selten gibt es in ihrer Umgebung ausreichend Bewegungsgelegenheiten. Straßenverkehr, dichte Bebauung und kleine Wohnungen engen den Spiel- und Bewegungsraum unserer Kinder ein; Fernseher und Computer halten die Kinder immer mehr im Haus, das Draußenspielen ist zu einem Luxus geworden, für den sich Eltern anstrengen müssen.

BEWEGUNG IST LEBENSFREUDE

Bewegung ist eigentlich ein Kennzeichen der Lebensfreude von Kindern, ihrer Lebendigkeit und ihrer Weltoffenheit. Wir Erwachsene leben ihnen aber allzu oft vor, dass man den größten Teil des Tages im Sitzen verbringen kann. Und allzu schnell verlangen wir dies auch von unseren Kindern. Dabei ist Sitzen die ungesündeste aller Körperhaltungen.

Bewegungsmangel fängt schon früh im Kindesalter an. Ausgerechnet in einer Altersstufe, in der ein Kind auf vielfältige Bewegungserfahrungen angewiesen ist, in der es nichts lieber tut, als seine Kräfte immer wieder zu erproben und seine Sinne zu trainieren.

SPIELEN UND SICH BEWEGEN – FÜR GESUNDHEIT UND WOHLBEFINDEN

Der Grundstock für die Entwicklung des Bewegungsapparats wird in den ersten sechs bis sieben Lebensjahren gelegt: Ausreichend Bewegungsmöglichkeiten schaffen die Basis für eine gute Körperhaltung, für das Knochenwachstum und für die Kräftigung der Muskulatur. Bewegungsmangel wirkt sich gerade in diesen ersten Jahren des Wachstums sehr nachteilig aus. Kinder benötigen tägliche Bewegungsgelegenheiten, sonst können sich ihre Organe, ihr Herz-Kreislauf-System, ihre Muskeln und auch ihre Sinne nicht optimal entwickeln. Kinderärzte weisen darauf hin, dass Haltungs- und Bewegungsauffälligkeiten bei Kindern heute immer früher auftreten. Ein ernstes Problem ist auch das zunehmende Übergewicht bei Kindern. Es kann zu massiven gesundheitlichen Beeinträchtigungen in späteren Lebensjahren führen.

Unterdrückte Bewegungsbedürfnisse äußern sich auch in Bewegungsunruhe: Die Kinder sind nicht fähig, bei einer Sache zu bleiben, und springen schnell von einer Tätigkeit zur anderen. Hier hilft es nicht, sie zur Ruhe zu ermahnen. Durch ein Bewegungsangebot könnten sie ihren Körper vielmehr positiv spüren, das Bedürfnis nach Ruhe kommt nach ausreichender Belastung dann meistens von selbst.

Kinder kommen zur Ruhe – durch Bewegung!

Wenn Sie die Bewegungsentwicklung Ihres Kindes fördern wollen, dann ist hierfür nicht ein

starres Lern- und Übungsprogramm notwendig. Kinder sind von sich aus aktiv, sie bewegen sich gern – nicht, weil damit ihre Muskeln aufgebaut und ihre Gehirnfunktionen trainiert werden, sondern weil es schön, lustvoll und spannend ist, zu springen, zu rennen, zu schaukeln, sich zu drehen.

Gehen Sie mit Ihrem Kind viel ins Freie, auf den Spielplatz oder, besser noch, in einen nahe gelegenen Wald. Hier finden Kinder vielfältige Bewegungsmöglichkeiten, Herausforderungen, die quasi auf dem Weg liegen: gefällte Baumstämme, die zum Balancieren auffordern, Laubmulden, in die man von oben hineinspringen kann, Äste zum Hangeln und Schwingen und steile Hänge, wo man sich mal richtig anstrengen muss, um sie zu erklettern.

Begleiten Sie Ihr Kind, indem Sie Partner und Mitspieler sind. Gehen Sie auf seine Spielvorschläge ein, aber geben Sie ihm auch Anregungen, machen Sie ihm Mut, auch wenn es nicht gleich erfolgreich ist, und machen Sie mit – das wirkt manchmal ansteckend.

So gewinnt Ihr Kind Vertrauen in die eigenen Fähigkeiten, es lernt auch, mit Misserfolgen umzugehen und bei einem kleinen Missgeschick nicht gleich aufzugeben.

WER SICH NICHT BEWEGT, BLEIBT SITZEN

Nicht nur körperlich, auch geistig werden Kinder durch Bewegung fit. Um einen Gegenstand richtig kennen lernen zu können, muss ein Kind ihn ergreifen, ihn anfassen und ihn handhaben, dann erst wird es dessen Eigenschaften verstehen. Begreifen kommt von greifen: Bevor ein Kind einen Begriff bilden kann, muss es die Sache in die Hand genommen und verstanden, eben be-griffen haben.

Bewegung gibt also auch geistige Nahrung: Warum rollt ein Ball? Warum bleibt ein Würfel auf der Stelle liegen? Wie kann man den Schwung auf der Schaukel verstärken und wie kann man sich wieder abbremsen? Antworten auf diese Fragen bekommen Kinder nur beim Ausprobieren – indem sie mit der eigenen Körperhaltung auf der Schaukel experimentieren und den Ball unzählige Male auf den Boden prellen oder versuchen, ihn aus der Luft aufzufangen.

Bewegung ist auch Nahrung für den Geist!

Wahrnehmen, reagieren, orientieren …

Durch diese Tätigkeiten üben Kinder ihre Wahrnehmungs- und Reaktionsfähigkeit, sie lernen die Eigenschaften der Dinge kennen, indem sie mit ihnen umgehen und sich in ihren Bewegungen auf sie einstellen. Sie bekommen aber auch eine Vorstellung davon, was es heißt, im Gleichgewicht zu sein, die Balance zu halten oder sich auf unebenem beziehungsweise wackligem Untergrund zu bewegen.

Beim Fangenspielen lernen sie, sich im Raum zu orientieren. Wo laufen die anderen Kinder hin? Wo ist der Fänger? Immer wieder wechseln der Ort und die Perspektive. In Bewegung lernen Kinder den Raum in seinen Dimensionen kennen. Sie laufen vorwärts, rückwärts, seitwärts, klettern nach oben und springen nach unten. Solche Raumerfahrungen bilden die Basis für spätere abstrakte Raumvorstellungen, wie sie zum Beispiel beim Rechnenlernen notwendig sind.

LERNEN MIT ALLEN SINNEN

Lernen betrifft also nicht nur den Kopf und den Verstand. Kinder entdecken die Welt mit all ihren Sinnen, mit Körper, Geist und Seele. Am Lernen ist immer der ganze Mensch beteiligt. Erste Erfolge erlebt ein Kind über seinen Körper, sie führen zu Selbstvertrauen und Leistungszuversicht, aber sie vermitteln auch Erkenntnisse über die Beschaffenheit der Umwelt, über die Dinge und Gegenstände und ihre spezifischen Eigenschaften.

Ein Kind macht über seinen Körper grundlegende Erfahrungen, die Voraussetzungen sind für die Entwicklung der Sprache sowie für das Schreiben-, Lesen- und Rechnenlernen.

Bewegung fördert den Informationsfluss im Gehirn, die Verknüpfung von Nervenzellen wird unterstützt, das Gehirn wird besser mit Sauerstoff versorgt und Kinder können sich besser konzentrieren.

SELBSTVERTRAUEN KOMMT VON „SICH TRAUEN“

Das Vertrauen in die eigenen Bewegungsfähigkeiten wird bei Ihrem Kind im Wesentlichen geprägt von den Körpererfahrungen, die es in den ersten Lebensjahren macht.

Durch und in Bewegung lernt Ihr Kind seinen eigenen Körper und damit auch sich selbst kennen. Es setzt sich mit seinen körperlichen Fähigkeiten auseinander und gewinnt dadurch ein Bild von sich selbst.

Bei Bewegungsspielen lernt Ihr Kind jedoch auch, mit anderen gemeinsam etwas zu tun, mit- und gegeneinander zu spielen, sich mit anderen abzusprechen, Regeln aufzustellen – und sich an diese zu halten –, nachzugeben und sich auch durchzusetzen.

Vielleicht vergleicht es sich mit anderen, misst sich mit ihnen in seinen Leistungen, es verliert oder gewinnt und wird dabei lernen, mit Erfolg umzugehen, aber auch den Misserfolg zu verkraften. Ein gutes Körperbewusstsein ist die Grundlage für ein gutes Selbstbewusstsein, dies kann Ihr Kind bei Bewegungsspielen lernen. Wichtig ist darüber hinaus, wie sicher und geborgen Ihr Kind sich fühlt. Erst dann kann es Vertrauen zu sich selbst entwickeln und neue, unbekannte Situationen mit Neugierde und Interesse wahrnehmen. Nur wenn Ihr Kind eine positive Grundeinstellung zu seiner Umwelt entwickeln konnte, wird es Neues nicht als Verunsicherung, sondern als Herausforderung empfinden.

KINDER BRAUCHEN ZEIT

Auch wenn Ihr Kind auf dem Spielplatz eher abseits steht oder sich bei Geburtstagsfeiern nicht gerne an Wettspielen beteiligt, feuern Sie es nicht an und drängen Sie es auf keinen Fall zum Mitmachen. Es gerät sonst unter einen doppelten Druck: Es traut sich nicht mitzumachen, gleichzeitig spürt es auch die Erwartungshaltung der Eltern, die es gerne erfüllen möchte. Lassen Sie ihm Zeit! Wenn die Bewegungsaufgabe interessant ist, wird Ihr Kind sich aus eigenem Entschluss bald daran beteiligen.

Was können Eltern tun?

Raum für Bewegung gibt es auch in kleinen Wohnungen.

Die ersten Bewegungsgewohnheiten eines Kindes werden in der Familie geprägt. Dort kann die gesamte Entwicklung durch Anregungen gefördert werden. Sie brauchen keine Riesenwohnung und auch keinen eigenen Garten, wenn Sie Ihrem Kind Bewegungsanregungen geben wollen. Auch in einer kleinen Wohnung lässt sich Raum für Bewegung schaffen.

Natürlich ist es leichter, wenn Sie in einer ländlichen Umgebung wohnen und Ihr Kind viel Freifläche draußen zur Verfügung hat, wenn es einfach aus dem Haus laufen und auf einer Spielstraße spielen kann. Aber diese Möglichkeiten haben heute nur noch wenige Kinder. Daher ist es gerade in beengteren Wohnverhältnissen wichtig, dass Sie sich als Eltern Gedanken machen, wie sie den Alltag in Ihrer Familie bewegungsreicher gestalten können (siehe Seite 14 f).

ELTERN SIND VORBILDER

Denken Sie daran, dass Sie als Eltern immer auch als Vorbild wirken. Ihr Kind wird vieles von dem übernehmen, was es bei Ihnen gesehen und – meist unbewusst – gelernt hat. Das gilt beispielsweise für Einstellungen beziehungsweise Gewohnheiten:

- ob Sie zum Beispiel für kurze Wege zum Briefkasten oder zum Bäcker eher das Fahrrad oder das Auto benutzen;

- ob Sie Spaziergänge nur bei gutem Wetter oder auch bei Regen machen;
- ob Sie selbst regelmäßig am Abend vor dem Fernsehgerät sitzen oder auch anderen Freizeitbetätigungen nachgehen;
- ob Sie Ihr Kind zu Fuß oder mit dem Fahrrad in den Kindergarten oder in die Schule bringen oder eher mit dem Auto;
- ob Sie trotz Fahrstuhl oder Rolltreppe in der Regel den normalen Treppenaufstieg wählen;
- ob Sie mit Ihrem Kind Bewegungsspiele machen;
- in welcher Form Sie Entspannung suchen: durch Einschalten des Fernsehers oder durch aktive Methoden wie zum Beispiel Yoga;
- welchen Wert Bewegung überhaupt in Ihrem Alltag hat.

Immer spielt die Vorbildfunktion der Eltern eine Rolle, unsere Kinder wachsen in ein bewegungsreiches oder -armes Umfeld hinein, und so entwickeln sich Gewohnheiten, die auch im Jugend- und Erwachsenenalter meist nicht mehr reflektiert, sondern weitergeführt werden.

BEWEGTER ALLTAG

Bewegungsanlässe im Alltag:

- die Mauer, die Bordsteinkante, über die Ihr Kind balanciert;
- die Treppe, die es hinaufsteigt und von der es springt – Stufe für Stufe;
- den Straßenpoller, den es überspringt;
- die Bodenmarkierungen, die es zum Springen und Hüpfen nutzt;
- den Baum, auf den es klettert;
- das Geländer, an das es sich hängt und hin- und herschaukelt.

EMPFEHLUNGEN FÜR ELTERN

Schaffen Sie Bewegungsmöglichkeiten in Ihrer Wohnung. Warten Sie beispielsweise mit dem Kauf einer neuen Couchgarnitur noch ein paar Jahre, bis das Bedürfnis Ihres Kindes, auch die Couch als Spiel- und Bewegungsgerät zu nutzen, vorüber ist. Lassen Sie Ihr Kind mit den Polsterteilen Buden bauen.

Trampolinspringen auf dem Bett erhöht sicher nicht die Haltbarkeit der Lattenroste. Erlauben Sie Ihrem Kind deswegen doch hin und wieder, die Matratze aus dem Bett zu holen, sie auf den Boden zu legen und zu einem Trampolin umzufunktionieren. Oder richten Sie in einem Raum eine Matratzenecke ein, in der Ihr Kind gefahrlos springen und hüpfen kann. Überprüfen Sie, ob die Decke in Ihrer Wohnung eine ausreichende Stabilität besitzt (Beton, Holzbalken), um daran einen Haken für eine Schaukel (zum Beispiel eine Tellerschaukel, sie braucht nicht viel Platz) zu befestigen. An einem

Haken kann man wechselnde Geräte, wie etwa ein Kletterseil oder eine Strickleiter, anbringen – je nach Bedarf und nach den Spiel- und Bewegungsbedürfnissen Ihres Kindes. Auch ein „Boxsack“, an dem sich Ihr Kind „abreagieren“ kann, wenn es mal so richtig wütend ist, kann hier aufgehängt werden.
Laden Sie darüber hinaus öfter andere Kinder ein und spielen Sie mit ihnen Bewegungsspiele. Feiern Sie den Geburtstag Ihres Kindes bei sich zu Hause – mit einer Schnitzeljagd und mit Bewegungsspielen in der Wohnung.
Dosieren Sie den Fernsehkonsum Ihres Kindes und bedenken Sie immer, dass die Zeit, die Kinder beispielsweise vor dem Fernsehgerät verbringen, an aktiver Spiel- und Bewegungszeit verloren geht.

MUT MACHEN DURCH MITMACHEN

Machen Sie Ihrem Kind Mut, indem Sie selbst mitmachen bei Bewegungsspielen. Hilfreicher als Überredung und Aufforderung durch Erwachsene ist Ihr eigenes Verhalten: Machen Sie mit, wenn die Kinder Sie einbeziehen wollen. Spielen Sie mit ihnen Fußball, auch wenn Sie selbst in Ihrer Jugend vielleicht gar nicht fußballbegeistert gewesen sind. Und balancieren Sie auch einmal über den Baumstamm, der beim Waldspaziergang am Wegrand liegt – das macht Ihrem Kind Mut, sich auch an neue, unbekannte Situationen heranzuwagen.

Lauf- und Fangspiele

Du hast manchmal richtige Lust, zu rennen und ganz schnell zu laufen, so lange, bis du vor Erschöpfung fast umfällst? Das kannst du natürlich am besten draußen. Am meisten Spaß macht es, wenn man mit anderen zusammen rennen kann, um die Wette oder einfach nur so. Oder spiel doch mal Fangen mit deinen Freunden, es müssen nicht immer viele Kinder dabei sein, wenn man ein Fangspiel machen will. Manchmal reichen zwei oder drei. Auch mit Mama und Papa oder mit deinen Geschwistern kannst du zu Hause im Garten, vor der Wohnung oder beim Spaziergang Fangen spielen.

VERZAUBERTE STÖCKE

Du brauchst:

- einen Stock oder einen alten Regenschirm
- zwei bis drei Mitspieler oder Mitspielerinnen

Stellt euch vor, der Stock oder Regenschirm ist verzaubert. Er hat geheimnisvolle Kräfte. Wer ihn in der Hand hält, der wird wie von einem Motor angetrieben, er kann plötzlich ganz schnell rennen. Lange hält er das aber nicht aus, deswegen gibt man den Stock oder Regenschirm schnell wieder an jemand anderen ab. Keiner darf ihn aber fallen lassen oder nicht annehmen, dann verliert der Stock oder Regenschirm seine Zauberkraft. Ihr solltet den Platz begrenzen, sodass klar ist, wie weit man laufen darf – zum Beispiel nur auf dem asphaltierten Platz oder nicht weiter, als die Bäume wachsen. Je enger der Platz ist, umso schneller funktioniert das Abgeben und umso interessanter ist das Spiel.

FARBEN-FANGEN

Du brauchst:

- mehrere Mitspieler oder Mitspielerinnen

Bestimmt einen von euch als Fänger. Bevor er losläuft, um die anderen zu fangen, ruft er eine bestimmte Farbe, zum Beispiel: „Rot!“. Alle müssen nun schnell versuchen, einen Gegenstand in dieser Farbe zu berühren, denn dann dürfen sie nicht mehr abgeschlagen werden. Schafft es der Fänger, jemanden abzuschlagen, der diese Farbe nicht berührt hat, werden die Rollen getauscht. Der Gefangene ist nun der neue Fänger. Anstelle von Farben könnt ihr auch Gegenstände benennen (einen Baum, eine Mauer, eine Gießkanne …), die berührt werden sollen.

KNOBEL-FANGEN

Du brauchst:

- jemanden, der mit dir spielt

Beide Spielpartner stehen voreinander, zählen bis drei und zeigen ihre geschlossene Faust. Bei drei machen sie eine der folgenden Handhaltungen:

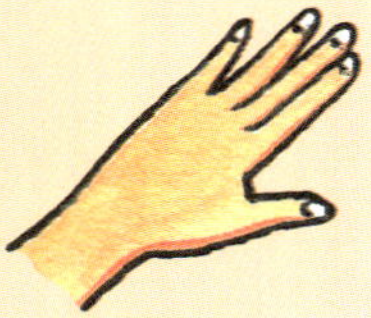

Papier

- Hand wird zur Faust geschlossen = Stein;
- Hand wird geöffnet, Handfläche ausgebreitet = Papier;
- Zeigefinger und Mittelfinger werden ausgestreckt = Schere;
- Daumen und Zeigefinger berühren sich = Brunnen.

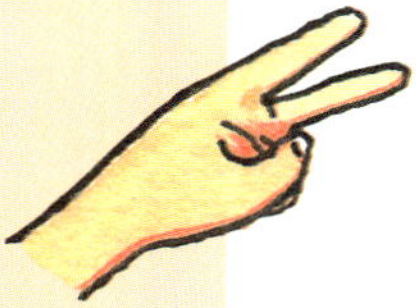

Schere

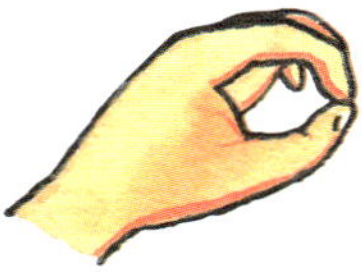

Brunnen

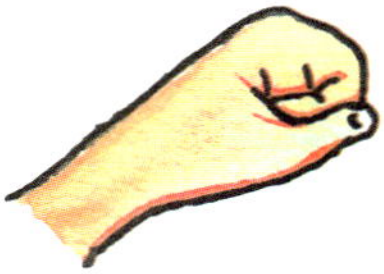

Stein

Nun übt ihr ein paar Mal die Knobelregeln: Beide Partner stehen voreinander, zählen bis drei (oder rufen „Tsching – Tschang – Tschung“), zeigen dabei ihre geschlossene Faust, bei drei („Tschung“) zeigen sie einen der vier Knobelgriffe. Gewonnen hat der Gegenstand, der gegenüber dem anderen im Vorteil ist (das ist der fett gedruckte):

- **Papier** bedeckt den Brunnen.
- Stein fällt in den **Brunnen.**
- **Schere** schneidet Papier.
- **Papier** wickelt den Stein ein.
- **Stein** schleift Schere.
- Schere fällt in den **Brunnen.**

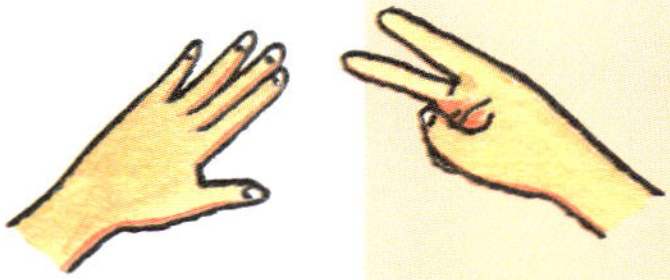

Jetzt könnt ihr das Knobeln mit einem Fangspiel verbinden: Wer beim Knobeln gewonnen hat, ist der Fänger und darf versuchen, den anderen abzuschlagen. Vereinbart gemeinsam eine Stelle, an der der Läufer nicht abgeschlagen werden darf (z.B. einen Baum). Dann beginnt das Spiel wieder mit einer neuen Knobelpartie.

SCHATTEN-LAUFEN

Du brauchst:

- jemanden, der mit dir spielt

Stellt euch hintereinander. Der Vordere macht eine Bewegung vor, der Hintere macht sie genau so nach, er ist der Schatten seines Vordermanns. Denkt euch lustige Bewegungen aus, zum Beispiel: in der Hocke gehen, beim Gehen mit den Armen kreisen, beim Laufen möglichst viele Kurven machen ... Der Vordermann darf die Bewegungen allerdings nicht zu schnell wechseln, sonst kommt der Schatten nicht mit. Natürlich gibt es auch einen Wechsel.

Raufen, ringen, Kräfte messen

Bestimmt hast du manchmal Lust, mit jemandem zu raufen, ein kleines Kämpfchen zu machen und herauszufinden, wer von euch der Stärkere ist. Beim Kämpfen müssen aber Regeln vereinbart werden, damit sich niemand wirklich wehtut und das Kämpfen immer ein Spiel bleibt.
Ihr könnt zum Beispiel Folgendes verabreden: Wenn einer „Stopp!" ruft, muss der andere sofort mit dem Kämpfen aufhören.

TAUZIEHEN

Du brauchst:

- ein sehr dickes Seil oder ein stabiles Bettlaken
- mehrere Mitspieler oder Mitspielerinnen

Beim Tauziehen könnt ihr ausprobieren, wer die meisten Kräfte hat: Zwei Kinder spielen gegen einen Erwachsenen. Oder ein älteres Kind gegen zwei kleinere Kinder. Sucht euch aus, wer gegeneinander antreten will. Die Mannschaften stellen sich einander gegenüber auf und halten jeweils ein Ende des Taus. Auf ein Zeichen hin ziehen nun beide Mannschaften in ihre Richtung.

Anstelle eines dicken Seils (Tau) könnt ihr auch ein stabiles Bettlaken nehmen. Wichtig ist, dass man mit beiden Händen gut zupacken kann. Tauziehen kann man im Stehen, aber auch im Sitzen oder im Liegen. Das hat den Vorteil, dass man nicht plötzlich umfällt, wenn die Gegner auf der anderen Seite loslassen.

KISSENSCHLACHT

Du brauchst:

- einige Kissen (Sofakissen, Stuhlkissen oder Kopfkissen)
- jemanden, der mit dir spielt

Stellt euch mit etwas Abstand zueinander auf und werft euch die Kissen zu – mal ganz sanft und mal fester. Manchmal fängt dein Partner das Kissen auf und wirft es sofort wieder zurück, manchmal triffst du ihn vielleicht, aber er kann das Kissen nicht auffangen. Jetzt bewerft ihr euch einfach gegenseitig mit den Kissen, ohne sie aufzufangen.

TIPP FÜR ELTERN

Gehen Sie ruhig einmal mit Ihrem Kind „zu Boden“ und raufen Sie mit ihm. Bei einem „Kämpfchen“ kommen Sie sich körperlich nahe, halten gleichzeitig aber auch Distanz. Kinder lieben den Körperkontakt, sie brauchen aber auch das Erleben ihres körperlichen Widerstands. Sie müssen lernen, ihre eigenen Kräfte einzuschätzen und sie zu dosieren. Das können sie gut bei einem kleinen Kämpfchen üben.

Setzen Sie klare Regeln: An den Haaren zu ziehen oder mit den Füßen zu treten ist nicht erlaubt.

KISSENWEITWURF

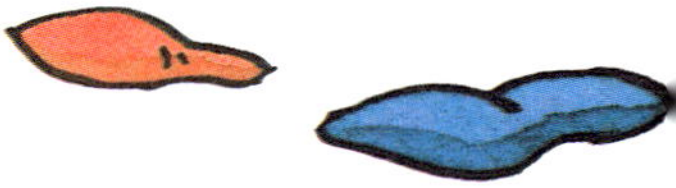

Du brauchst:
- ein dickes, aber nicht zu großes Kissen

Wie wäre es mit einem kleinen Wettkampf, den du auch mit dir selbst durchführen kannst? Suche dir einen Ort, an dem du genügend Platz hast: im Hausflur, auf dem Hof oder auch in einem Zimmer. Hier solltest du aber zuerst alle zerbrechlichen Gegenstände wegräumen. Probiere aus, wie weit du das Kissen werfen kannst. Lege einen Schuh oder einen anderen Gegenstand an die Stelle, an der das Kissen auf dem Boden aufgekommen ist. Schau, ob du es beim nächsten Mal weiter schaffst.

RUTSCHBAHN

Du brauchst:
- eine Fußmatte oder eine Decke

Suche dir eine Fußmatte oder eine Decke und lege sie auf den Boden. Die weiche, rutschige Seite der Fußmatte sollte nach unten zeigen. Setze dich auf die Matte oder Decke und versuche, über den Boden zu rutschen, indem du dich mit den Füßen abstößt.
Am besten rutscht die Matte oder Decke auf glattem Boden (auf Holz- oder Steinfußboden).

Rutsche in eurer Wohnung von einem Zimmer ins andere. Wenn ihr nur Teppichboden in der Wohnung habt, kannst du auch auf einer Plastiktüte rutschen.
Vielleicht findest du auch jemanden, der dich an der Matte oder auf der Decke zieht. Frag deinen Papa oder deine Mama, ob sie mitmachen. Probiert es auch einmal mit Schieben aus.

BOXSACK

Du brauchst:
- einen Kopfkissenbezug
- einige Luftballons

Wenn du einmal so richtig wütend bist, kannst du auch ohne Gegner kämpfen. Fülle ein Kopfkissen mit einigen aufgeblasenen Luftballons und bitte deinen Papa oder deine Mama, das Kissen an einem Haken an der Decke (oder an einem Baum im Garten) aufzuhängen. Jetzt kannst du mit voller Kraft gegen den Sack boxen. Es tut nicht weh, aber du kannst deine Wut so richtig an dem Boxsack auslassen. Auch ohne wütend zu sein, kannst du gegen den Sack boxen. Das stärkt die Armmuskeln und trainiert außerdem deine Fähigkeit, schnell zu reagieren.

Geschicklichkeitsspiele für drinnen

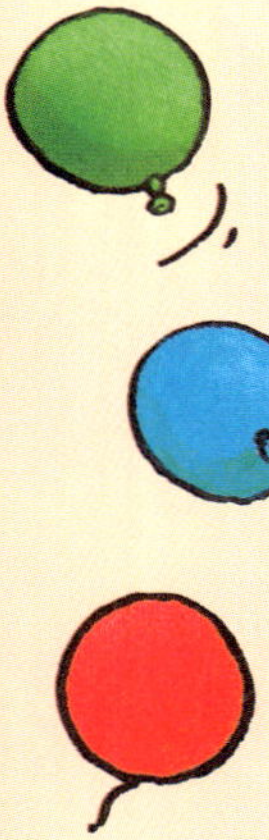

Nicht nur draußen, auch in der Wohnung kannst du Bewegungsspiele ausprobieren. Du brauchst dafür wenig Platz und auch nur wenige Geräte. Besonders spannend ist das Luftballon-Federballspiel oder das Wattepusten. Diese Spiele kannst du sogar allein durchführen, am meisten Spaß macht es aber, wenn jemand mitspielt.

WATTEBAUSCH-PUSTEN

Du brauchst:
- einige Wattekugeln
- einen Tisch

Lege die Wattekugeln auf die eine Seite eines Tischs und versuche, sie auf die andere Seite zu pusten. Am Ende des Tischs kannst du mit Holzklötzchen oder Büchern eine Schutzmauer errichten, damit die Wattekugeln nicht auf den Boden fallen. Dann geht es wieder zurück auf die andere Seite.
Du kannst auch einige Hindernisse auf den Tisch stellen (Flaschen oder umgedrehte Plastikbecher). Puste die Wattekugeln dann um diese Hindernisse herum. Das ist ein Slalompusten, bei dem du deinen Atem gut steuern musst.

LUFTBALLON-FEDERBALLSPIEL

Du brauchst:

- eine Fliegenklatsche
- einen aufgeblasenen Luftballon

Spiele den Luftballon mit der Fliegenklatsche nach oben. Halte die Fliegenklatsche dabei flach, sodass der Ballon immer wieder hochspringt. Du kannst sie aber auch wie einen Schläger benutzen und den Ballon wie einen Federball schlagen. Dann musst du ihm ganz schnell hinterherlaufen, um ihn wieder zurückzuschlagen. Oder du spielst ihn gegen eine Wand, dann prallt er von allein zurück.

Wenn du möchtest, kannst du auch versuchen, den Ballon mit deiner freien Hand hin- und mit der Fliegenklatsche zurückzuschlagen.
Wenn du einen Spielpartner hast (einen Freund, eine Freundin, Mama oder Papa), könnt ihr in eurem Flur auch eine Schnur spannen (etwas höher als ihr selbst groß seid) und dann ein richtiges Federballspiel machen: Auf jeder Seite steht einer von euch, sodass ihr euch den Ballon hin- und herspielen könnt.

KOCHLÖFFEL-HOCKEY

Du brauchst:
- einen Kochlöffel aus Holz
- einige Schuhe
- einen Pappkarton
- einen kleinen Ball

Wenn ihr einen langen Flur habt, kannst du in ihm eine Hockey-Trainingsbahn aufbauen. Dazu brauchst du nur einige Schuhe mit etwas Abstand hintereinander auf den Boden zu legen. Mit einem langen Kochlöffel kannst du nun versuchen, den Ball über den Boden um die Hindernisse herum zu rollen (wie bei einem Slalom). Natürlich braucht man zum Hockeyspielen auch ein Tor: Stelle am Ende der Bahn einen Pappkarton so auf, dass er mit der Öffnung nach vorn zeigt. Aus welcher Entfernung triffst du das Tor?

GUMMIBAND-HÜPFEN

Du brauchst:
- zwei Stühle
- ein Gummiband

Stelle die beiden Stühle zwei große Schritte voneinander entfernt auf. Binde das Gummiband so um die Stuhlbeine herum, dass es straff gespannt ist und dazwischen ein Graben entsteht.

Jetzt kannst du zum Beispiel „Gummitwist" springen (siehe auch Seite 45) oder eigene Sprünge erfinden. Die Höhe der Schnur kannst du so einstellen, wie es für dein Springen am besten passt: Schiebe die Schnüre an den Stuhlbeinen einfach höher oder tiefer.

ÜBERSCHWEMMUNG

Du brauchst:

- einige Kissen, Fußmatten oder Bierdeckel

Stell dir vor, in eurer Wohnung ist ein Wasserrohr geplatzt und die ganze Wohnung ist überschwemmt. Du willst nun von einem Zimmer ins andere gelangen, ohne nasse Füße zu bekommen. Dafür legst du einige Steine (Kissen, Fußmatten oder Bierdeckel) aus und versuchst, nur auf sie zu treten. Du kannst auch einen Stapel Bierdeckel in die Hand nehmen und sie beim Gehen vor dir auslegen. Beim Zurückgehen sammelst du sie dann wieder ein, sodass du genügend Stellen hast, um auch mit trockenen Füßen in die anderen Zimmer zu gelangen.

Springen, werfen und laufen

Zeitungen kommen jeden Tag ins Haus. Wenn deine Eltern sie gelesen haben, werden sie meistens weggeworfen. Dabei kann man die Zeitung doch für so viele Spielideen nutzen! Probiere einmal aus, was dir alles mit einem Zeitungsblatt einfällt. Du kannst sogar ein richtiges Sporttraining mit Springen, Werfen und Laufen mit den Zeitungen veranstalten.

ZEITUNGSWEITSPRINGEN

Du brauchst:

- mehrere Zeitungsseiten

Lege eine Zeitungsseite ausgebreitet auf den Boden. Überlege dir, wie weit du von hier aus springen könntest, und lege an diese Stelle eine weitere Zeitungsseite. Nun stelle dich auf die erste Seite und versuche, auf die andere Seite zu springen.
Spring mal mit einem Fuß ab und lande auf dem anderen oder spring mit beiden Füßen ab, das ist noch schwieriger. Wenn du möchtest, kannst du den Abstand jetzt auch vergrößern – so lange, bis du es nicht mehr schaffst, auf die andere Seite zu springen. Das ist dann dein persönlicher Rekord im Zeitungsweitspringen.

Slalomtraining

Probiere mit den Zeitungsseiten auch folgendes Spiel: Lege sie mit etwas Abstand auf dem Boden aus und versuche, im Slalom ganz schnell um sie herumzulaufen.

ZEITUNGSDACH

Du brauchst:

- eine Zeitungsdoppelseite

Fasse das Doppelblatt einer Zeitung an zwei Ecken und halte es über den Kopf. Wenn du nun schnell läufst, flattert die Zeitung über deinem Kopf. Sie ist wie ein Dach, das dich vor Regen oder Sonne schützt. Das Blatt flattert aber nur so lange über deinem Kopf, wie du in Bewegung bleibst.
Sobald du stehen bleibst, fällt es herunter und landet sanft auf deinem Kopf.

Zeitungsblatt fangen

Während des Laufens kannst du die Zeitung loslassen und sehen, wohin sie fliegt. Du kannst auch einmal versuchen, sie aufzufangen, bevor sie auf dem Boden aufkommt.

KLEBENDE ZEITUNG

Du brauchst:

- eine Zeitungsdoppelseite

Halte die Seite geöffnet vor deinen Bauch und versuche nun, so schnell zu laufen, dass sie vor deinem Bauch kleben bleibt, ohne dass du sie mit den Händen festhalten musst. Probiere aus, an welchen Körperteilen die Zeitung beim Laufen noch „kleben" bleibt. Geht es auch an den Armen oder am Handrücken?

ZEITUNGSBALL-WEITWURF

Du brauchst:

- mehrere Zeitungsseiten

Knülle mehrere Zeitungsseiten zusammen und forme daraus eine dicke Kugel. Mit dieser Kugel kannst du Weitwerfen üben. Probiere aus, wie weit du damit werfen kannst.
Du kannst auch versuchen, die Kugel mit verschiedenen Körperteilen hochzuwerfen und mit beiden Händen aufzufangen.

TIPP FÜR ELTERN

Manchmal braucht Ihr Kind einen Anstoß, um auf Spielideen mit der Zeitung zu kommen. Helfen Sie ihm dabei, indem Sie erste Bewegungsideen mit ihm ausprobieren, zum Beispiel das Weitspringen (siehe Seite 28).

ZIELWERFEN

Du brauchst:
- die dicke Zeitungskugel vom Spiel „Zeitungsball-Weitwurf“ (siehe Seite 30)
- einen Papierkorb oder Karton

Nicht nur Weitwerfen, auch Zielwerfen kannst du mit dem Ball ausprobieren. Als Ziel kannst du zum Beispiel einen Papierkorb oder einen Karton aufstellen. Probiere aus, wie weit du vom Ziel entfernt stehen kannst und doch noch hineintriffst.

SCHNEEBALLSCHLACHT

Du brauchst:
- mehrere Zeitungsseiten
- mehrere Mitspieler oder Mitspielerinnen

Formt aus den Zeitungsseiten mehrere Kugeln, so groß wie Schneebälle. Jetzt könnt ihr euch gegenseitig mit den Kugeln bewerfen – wie bei einer Schneeballschlacht.
Wenn ihr wollt, könnt ihr auch zwei Mannschaften bilden. Mit einer Trennlinie, zum Beispiel einem Seil, markiert ihr auf dem Boden zwei Spielfeldhälften. Nun bewerfen sich eure Mannschaften gegenseitig. Am Ende wird gezählt: Auf welcher Seite liegen die meisten Schneebälle?

Die Balance halten

Weißt du, was es bedeutet, das Gleichgewicht zu halten? Im Gleichgewicht zu sein bedeutet, das eigene Körpergewicht gleich auf beiden Beinen verteilt zu haben. Auf ebenem, breitem Untergrund ist das kein Problem, wohl aber, wenn der Untergrund schmal, hoch oder wackelig ist. Dann wird es schwer, den Schwerpunkt des Körpers in der Mitte zu halten. Probiere es einmal aus, indem du über eine Holzlatte oder über am Boden liegende Steine gehst. Du wirst merken: Fast automatisch gleichst du das Gewicht mit den Armen aus, indem du sie zur Seite ausbreitest.

BRÜCKENBAU

Du brauchst:

- einige Bretter
- einige dicke Steine oder Holzklötze

Lege die Bretter so auf die Holzklötze oder Steine, dass eine Brücke entsteht. Versuche, die Brücke mit anderem Material, das du draußen findest, weiterzubauen. Baue die Brücke so stabil, dass du darübergehen kannst. Benutze zum Beispiel verschiedene Steine: runde, ovale, eckige. Auf welchen Steinen liegen die Bretter am stabilsten?

Probiere nun aus, wie du am besten das Gleichgewicht halten kannst: mit zur Seite ausgestreckten Armen oder mit den Händen in den Hosentaschen?
Bei deinen ersten Versuchen kannst du dir natürlich auch von deiner Mama oder deinem Papa helfen lassen.

TIPP FÜR ELTERN

Das Spiel mit dem Gleichgewicht ist für Kinder schon von den ersten Lebensmonaten an eine Herausforderung, der sie sich selber stellen. Sobald sie sicher auf den Beinen sind, suchen sie nach neuen Aufgaben, um ihr Gleichgewicht zu erproben: auf Mauern balancieren, über Baumstämme gehen, im Wasser von einem Stein vorsichtig auf den anderen treten … Unterstützen Sie Ihr Kind bei diesen Spielen, denn es trainiert dabei seine Gleichgewichtsfähigkeit und bildet eine gute Grundlage für die Körperkoordination. Ihr Kind wird sicherer – auch wenn das Spiel mit dem Gleichgewicht zunächst immer mit unsicheren Bewegungssituationen verbunden ist.

WACKELSTEGE

Du brauchst:
- mehrere Kissen (weiche und feste)
- Polsterteile von Sessel oder Couch oder Schaumstoffelemente

Lege mehrere Kissen und Polsterteile so aneinander, dass eine Brücke entsteht. Probiere aus, wo es am leichtesten ist, das Gleichgewicht zu halten: auf den weichen Kissen oder auf den festeren Polsterteilen? Wann musst du die Arme ausbreiten, um das Gleichgewicht zu halten?

KÖNIGSKRONE

Du brauchst:
- ein Buch oder ein kleines Kissen

Lege das Buch auf deinen Kopf und versuche, damit zu gehen. Schaffst du es ein paar Schritte, ohne dass das Buch herunterfällt?

Schau dich einmal im Spiegel an: Du bewegst dich wie eine Königin oder ein König, die/der ein Krone trägt. Kannst du dich auch auf den Boden setzen oder eine Treppe hinaufsteigen, ohne deine Königskrone zu verlieren?

BÄLLE BALANCIEREN

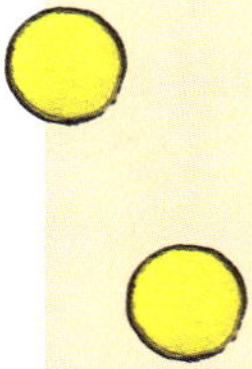

Du brauchst:

- einen Holzrührlöffel oder einen flachen Esslöffel
- einen Tennisball

Lege den Ball auf den Löffel und versuche, ihn auf dem Löffel zu balancieren. Schaffst du es, den Ball auch über einige Hindernisse (auf einen Stuhl steigen, die Treppen hinaufgehen) zu bringen, ohne ihn zu verlieren?

GEHEIMWEGE

Du brauchst:

- ein langes Seil (z. B. eine Paketschnur) oder einen sehr dicken Wollfaden
- zwei Zeitungsblätter

Lege mit dem Seil einen Weg auf dem Boden aus, der von einem in ein anderes Zimmer führt. An den Anfang und ans Ende des Seils legst du eine Zeitung, das sind die Zeichen für Start und Ziel. Stelle dich nun auf die Startzeitung und versuche, mit geschlossenen Augen den Weg bis in das andere Zimmer zu finden. Natürlich musst du barfuß über das Seil gehen, damit du es gut spüren kannst. Wenn du die Zeitung erreichst, weißt du, dass du am Ziel angekommen bist.

Geschickte Finger

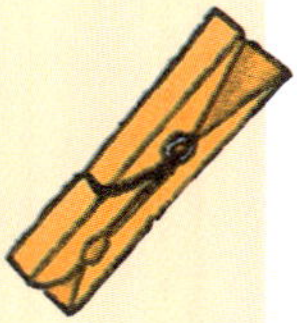

Weißt du, was Fingerfertigkeit bedeutet? Das heißt, dass man ganz geschickt mit seinen Fingern umgehen kann. Mit Wäscheklammern kannst du das prima trainieren. Du brauchst viel Kraft in den Fingern, um diese zu öffnen, und du musst deine Bewegungen gut steuern können. Das kannst du mit den folgenden Spielen üben. Alles, was du dazu brauchst, sind große, farbig sortierte Wäscheklammern.

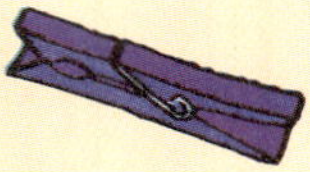

TIPP FÜR ELTERN

Im Umgang mit Wäscheklammern trainieren Kinder ihre Fingerfertigkeit und ihre feinmotorische Geschicklichkeit. Sie üben dabei beispielsweise den Pinzettengriff (Greifen mit Daumen und Zeigefinger). Lassen Sie Ihr Kind einfach beim Wäscheaufhängen mitmachen und dabei ganz eigene Sortierkriterien finden, zum Beispiel: die Wäschestücke der Farbe oder der Größe nach sortieren, nach ihren Besitzern oder ihrer Länge. Natürlich darf die Leine nicht zu hoch hängen, Ihr Kind muss sie gut erreichen können.

STACHELIGEL

Du brauchst:

- viele bunte Wäscheklammern

Stecke die Klammern an deine Kleidungsstücke – so viele, wie du hast! Verteile sie über den ganzen Körper. Jetzt siehst du aus wie ein Igel mit vielen bunten Stacheln.
Der Igel möchte seine Stacheln nun aber wieder loswerden. Schüttle

dich ganz wild und versuche dabei, die Klammern abzuschütteln. Du kannst dazu Musik auflegen und einen wilden Igeltanz machen.

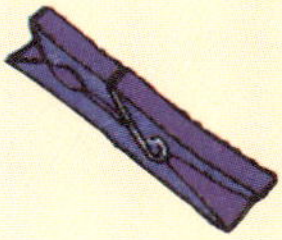

INDIANERKOSTÜM

Du brauchst:

- viele bunte Wäscheklammern

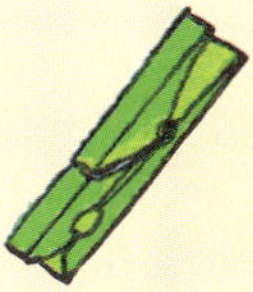

Bei diesem Spiel ist es am besten, wenn du einen Pulli mit langen, weiten Ärmeln trägst. Stecke dir die Wäscheklammern an die Oberseite deiner Pulloverärmel, von den Handlöchern bis zu den Schultern. Stecke sie dicht nebeneinander. Sie sehen dann aus wie ein Indianerkostüm. Natürlich kannst du die Klammern auch an deine Hose stecken.

KLAMMERN RATEN

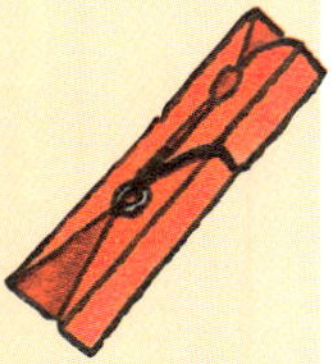

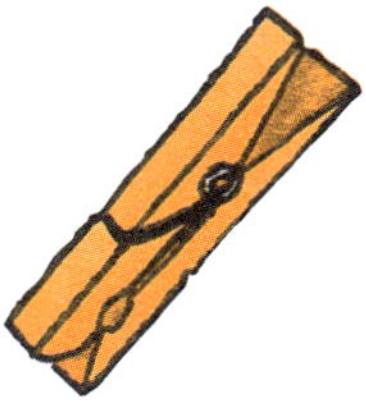

Du brauchst:

- Wäscheklammern
- Papa oder Mama zum Mitspielen

Dein Spielpartner setzt sich auf einen Stuhl oder legt sich gemütlich aufs Sofa oder auf den Boden und schließt die Augen. Nun steckst du ihm vorsichtig eine Wäscheklammer an seine Kleidung. Wenn er es gemerkt hat, sagt er, an welchem Körperteil oder an welcher Stelle der Kleidung es war. Merkt er nichts, steckst du einfach weiter. Wie viele Klammern hat er nicht gespürt?
Dann tauscht ihr die Rollen und du sollst spüren, wann und wo eine Klammer angesteckt wird.

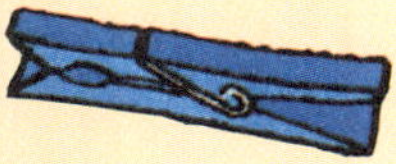

Klammern zählen

Auch bei diesem Spiel hat dein Spielpartner zunächst die Augen geschlossen. Stecke ihm nun vorsichtig einige Klammern an seine Kleidung und zähle dabei im Stillen mit. Er soll zum Schluss sagen, wie viele Klammern du insgesamt angesteckt hast.

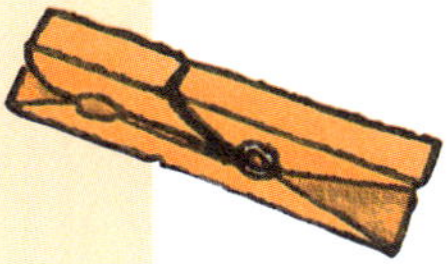

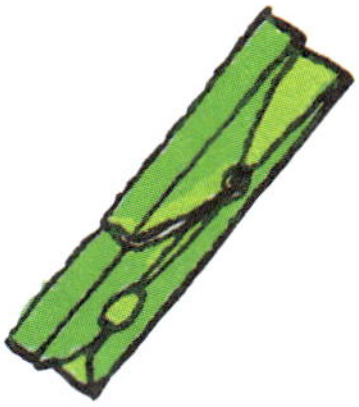

KLAMMERKETTEN

Du brauchst:

- Wäscheklammern

Stecke mehrere Wäscheklammern so aneinander, dass eine immer länger werdende Kette entsteht. Du kannst sie als Schmuck um den Hals tragen. Wenn du die beiden Enden der Kette miteinander verbindest, wird daraus ein Kranz, den du als Kopfschmuck tragen kannst.

MENSCHENKETTE

Du brauchst:

- Wäscheklammern
- jemanden, der mit dir spielt und der ungefähr gleich groß ist wie du

Stellt euch nebeneinander und versucht, eure Hosenbeine und Pulloverärmel mit den Klammern zusammenzustecken. Jetzt seid ihr wie Glieder einer Kette, die sich nur miteinander bewegen können. Schafft ihr es, ein Stück miteinander zu gehen und euch zu bewegen, ohne dass die Klammern abgehen?

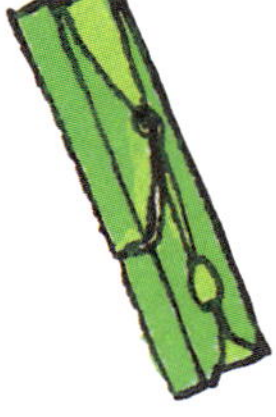

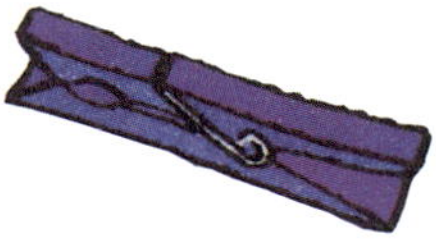

BUDEN BAUEN

Du brauchst:

- eine lange Leine (Wäscheleine oder Seil)
- viele Wäscheklammern
- einige Zeitungsseiten

Suche draußen im Freien einige Stellen (Bäume, Zaun, Gartentor), an denen du verschiedene Leinen um dich herum festmachen kannst. Befestige an ihnen mit den Wäscheklammern ringsherum Zeitungsblätter. So hast du eine „Bude", die an einigen Seiten geschlossen ist und immer wieder verändert werden kann – so wie du es für das Spielen brauchst. Wenn du mit Freunden spielst, könnt ihr so mehrere Räume „bauen".

TRANSPORTKLAMMERN

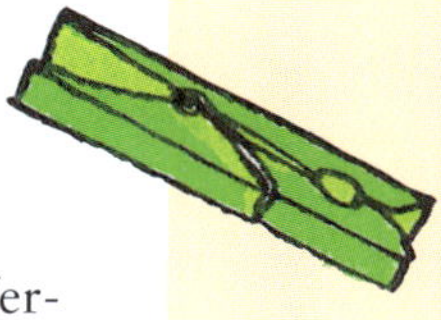

Du brauchst

- zwei Wäscheklammern

Nimm in jede Hand eine Wäscheklammer. Versuche nun, einige Gegenstände (ein Tuch, eine Zeitung, einen Strohhalm) nur mit den Klammern aufzuheben und an einen anderen Ort zu tragen.

FARBMUSTER

Du brauchst:

- viele Klammern in verschiedenen Farben
- ein Stück Stoff oder ein Küchentuch

Stecke die Klammer in einem bestimmten Farbmuster an das Tuch, zum Beispiel von jeder Farbe zwei, und stecke dann das gleiche Muster weiter. Oder – wenn du es schwieriger machen willst: eine rote, zwei blaue, vier grüne und zwei gelbe Klammern. Diese Reihe setzt du dann so lange fort, bis keine Klammern mehr übrig sind. Frag deine Eltern oder Geschwister, ob sie die Ordnung in der Reihenfolge erkennen.

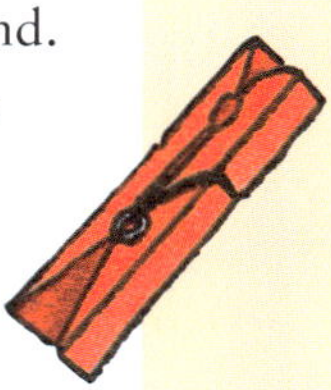

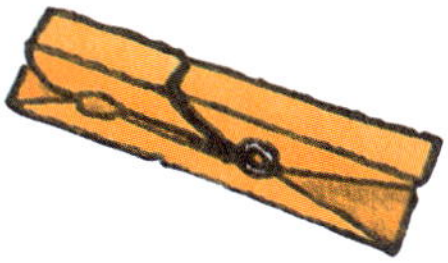

Fitnesstraining mit dem Seil

Das Seil ist ein richtiges Fitnessgerät, damit trainieren sogar Fußballer. Du kannst es für viele Spiele benutzen, nicht nur zum Springen.
Für die folgenden Spiele brauchst du nichts als ein Springseil oder ein Gummiband. Bei manchen Spielen ist ein Partner nötig. Frag deine Mama oder deinen Papa, ob sie mitmachen.

HINDURCHLAUFEN

Du brauchst:
- ein langes Seil
- zwei Mitspieler oder Mitspielerinnen

Zwei Kinder (oder ein Kind und ein Erwachsener) stehen sich gegenüber, halten jeweils ein Ende eines großen Schwungseils und lassen es hin- und herpendeln. Du stehst auf einer Seite des Seils und läufst schnell auf die andere Seite, wenn das Seil in deine Richtung schwingt.

TIPP FÜR ELTERN

Wenn Sie Ihrem Kind bei den ersten Sprungversuchen helfen, wird es von sich aus weiterüben.
Manchmal brauchen Kinder nur einen ersten Anstoß. Auch für Sie kann es ganz gut sein, selbst einmal wieder Seil zu springen. So sind Sie für Ihr Kind ein gutes Vorbild, tun aber gleichzeitig etwas für Ihre eigene Fitness, Gesundheit und Ihr Wohlbefinden.

Versuche herauszufinden, wann man am besten losläuft. Nach einigen Wiederholungen wird gewechselt.
Wenn ihr nur zu zweit seid, könnt ihr das Seil beispielsweise auch an ein Tischbein oder an eine Gartenpforte knoten und nur an einer Seite schwingen.

HINDURCHSPRINGEN

Du brauchst:
- ein langes Seil
- zwei Mitspieler oder Mitspielerinnen

Deine Spielpartner schwingen das Seil rundherum. Du stellst dich neben das Seil und versuchst, es in dem Moment zu überspringen, wenn es über den Boden schwingt. Wie viele Sprünge schaffst du hintereinander? Wenn du willst, kannst du die Sprünge zählen oder deine Spielpartner zählen beim Springen laut mit. Dann ist der Nächste an der Reihe.
Wenn dir das Seilspringen schon gut gelingt, kannst du beim Springen auch versuchen, dich zu drehen, auf einem Bein zu springen oder die Knie ganz weit anzuziehen.

SEILSPRINGEN

Du brauchst:
- ein Springseil

Nimm ein Seilende in jede Hand. Das Seil liegt hinter dir. Schwinge es nun von hinten über deinen Kopf nach vorne und überspringe das Seil, wenn es vor deinen Füßen aufkommt. Wie viele Sprünge schaffst du, bevor du hängen bleibst?

KREISENDES SEIL

Du brauchst:
- ein Springseil
- einen Tennisring oder einen Schuh

Befestige den Tennisring oder den Schuh an einem Ende des Seils. Nun kannst du das Seil über den Boden schwingen. Lass es um dich herum kreisen und drehe dich dabei mit, du bekommst durch das schwere Ende immer mehr Schwung. Ein besonderes Kunststück ist es, wenn du versuchst, das Seil mit einer Hand flach über dem Boden kreisen zu lassen und – wenn es auf dich zukommt – darüberzuspringen. Wenn du magst, kannst du das auch mit einem Freund, einer Freundin oder mit Mama oder Papa probieren. Einer lässt das Seil kreisen, der andere springt darüber.

GUMMITWIST

Du brauchst:

- ein langes Gummiband (ungefähr vier Meter lang)
- zwei Mitspieler oder Mitspielerinnen

Knotet das Gummiband an den Enden zusammen. Deine Mitspieler stehen sich in zirka zwei Meter Entfernung gegenüber und halten das Band mit ihren Beinen in Spannung. Zuerst halten sie es in Höhe der Knöchel, später – mit zunehmendem Schwierigkeitsgrad – wird es höher geschoben. Du stellst dich neben das Band und versuchst, mit beiden Füßen über das Seil oder in das Seil hineinzuspringen. Du kannst

- das Gummiband zwischen deine gegrätschten Beine nehmen;
- mit beiden Füßen jeweils auf ein Seil treten;
- beim Springen eine halbe Drehung um die eigene Achse machen;
- mit beiden Füßen gleichzeitig über ein Seil springen;
- oder natürlich auch ganz andere Sprungformen erfinden.

Ballkünste

Zum Werfen und Fangen, Rollen und Prellen brauchst du keine besondere Umgebung: Das ist auf einer Wiese genauso gut möglich wie auf Sand, auf Hinterhöfen ebenso wie im Hausflur. Nur auf dem Bürgersteig solltest du nicht Ball spielen, weil der Ball leicht auf die Straße rollen kann!

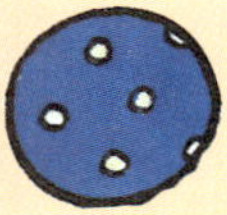

BALLPROBE

Du brauchst:

- einen Ball
- eine glatte Hauswand

Versuche zuerst einmal, den Ball gegen die Wand zu werfen und ihn wieder aufzufangen. Dann kannst du den Ball auch mit den Fäusten gegen die Wand schlagen, ihn wieder auffangen und wieder gegen die Wand prellen. Wie oft schaffst du es?

TIPP FÜR ELTERN

Bei Spielen mit dem Ball übt Ihr Kind Koordination und Geschicklichkeit. Es muss nicht gleich zum Fußball- oder Handballspieler werden. Zunächst einmal sollten allgemeine Fähigkeiten im Umgang mit dem Ball geübt und erprobt werden. Spielen Sie einfach mit!

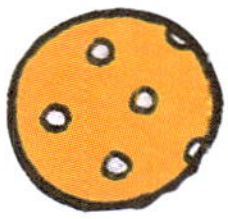

Bei der „Zehnerprobe“ wirfst du den Ball in immer verschiedenen Formen zehnmal an die Wand:

- den Ball mit der rechten Hand gegen die Wand werfen und ihn mit beiden Händen auffangen (das Gleiche auch mit der linken Hand);

- den Ball mit der rechten Hand gegen die Wand werfen und mit rechts wieder auffangen (das Gleiche mit links);
- mit beiden Händen werfen und mit beiden Händen auffangen, dazwischen in die Hände klatschen;
- mit der rechten Hand werfen, sich um die eigene Achse drehen und den Ball wieder auffangen;
- den Ball unter dem rechten Bein hindurch an die Wand werfen und mit links auffangen (das Gleiche mit der anderen Seite);
- den Ball mit der rechten Hand hinter dem Rücken über die Schulter an die Wand werfen und mit beiden Händen wieder auffangen (dasselbe über die andere Seite).

Erfinde selbst eigene Wurftechniken und Kunststücke!

TORBALL

Du brauchst:
- einen Ball
- eine Kiste, einen Karton oder einen Korb

Suche dir eine Stelle, an der du die Kiste, den Karton oder den Korb so aufstellen kannst, dass die offene Seite zu dir zeigt. Versuche nun, den Ball mit den Füßen in dieses Tor zu schießen. Wie weit kannst du von dem Ziel weggehen und trotzdem noch treffen?

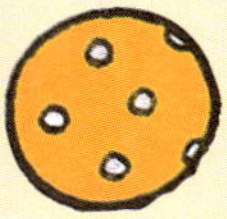

LEBENDIGES TOR

Du brauchst:
- einen Ball
- Papa oder Mama zum Mitspielen

Bitte deinen Papa oder deine Mama, sich als Tor (siehe „Torball“) hinzustellen. Wenn sie die

Beine grätschen, kannst du versuchen, den Ball durch ihre Beine zu rollen. Sie dürfen den Ball mit den Händen auffangen, dann hast du einen neuen Versuch. Gelingt es dir aber, den Ball durch ihre Beine zu rollen, wird gewechselt. Jetzt bist du das Tor.

ABTREFFEN

Du brauchst:

- einen weichen Schaumstoffball
- mehrere Mitspieler oder Mitspielerinnen

Mit einem weichen Schaumstoffball könnt ihr versuchen, euch beim Spielen gegenseitig abzutreffen. Wenn man vom Ball getroffen wird, tut das nicht so weh wie bei einem Plastik- oder Gummiball.

Dabei könnt ihr verschiedene Regeln erfinden, zum Beispiel:

- Markiert auf dem Boden ein Spielfeld. Einige stehen in dem Feld, die anderen um das Spielfeld herum. Wer von dem Ball getroffen wird, muss raus, wer getroffen hat, darf rein.
- In der Spielfeldmitte ist ein Spieler, der mit dem Ball die Außenstehenden abzutreffen versucht. Wer den Ball auffängt, darf in die Mitte und tauscht mit ihm den Platz.

BALL PRELLEN

Du brauchst:

- einen Ball
- einen Platz mit festem Untergrund

Suche dir einen Platz mit festem Untergrund, das kann zum Beispiel eine wenig befahrene Hofeinfahrt oder ein Schulhof sein.
Prelle den Ball auf den Boden und fang ihn dann gleich wieder auf. Du kannst auch versuchen, den Ball mehrere Male auf den Boden zu prellen, bevor du ihn auffängst. Wie fest musst du prellen, damit der Ball wieder in der gleichen Höhe hochspringt?

TREIBBALL

Du brauchst:

- einen dicken Ball
- mehrere kleine Bälle (z. B. Tennisbälle)
- jemanden, der mit dir spielt

Ein dicker auf dem Boden liegender Ball soll zu einem bestimmten Ziel (zum Beispiel an die Wand, an einen Baum ...) gerollt werden – dabei dürft ihr ihn aber nicht mit den Händen oder Füßen berühren! Stellt euch in einem bestimmten Abstand zum dicken Ball auf.

Jeder von euch hat zwei oder drei kleinere Bälle bei sich, mit denen er auf den dicken Ball werfen kann. Wenn ihr trefft, rollt der dicke Ball ein Stück weiter.
Wenn ihr alle kleinen Bälle geworfen habt, sammelt ihr sie schnell wieder auf, stellt euch wieder in einem bestimmten Abstand zum großen Ball hin und treibt ihn weiter.

SCHLEUDERBALL

Du brauchst:
- einen kleinen Ball
- ein Tuch oder einen alten Strumpf

Stecke den Ball in den Strumpf oder wickle ihn so in ein Tuch, dass du die Enden in der Hand halten kannst. Du kannst das Tuch oder den Strumpf (den am besten am langen Ende) fassen und deinen so entstandenen Schleuderball mehrfach mit ausgestrecktem Arm kreisen lassen und dann mit Schwung abwerfen.
Mit diesem Schleuderball kannst du Weitwerfen oder auch Zielwerfen ausprobieren.

Barfuß die Welt erleben

Lauf doch einmal barfuß, wo immer es geht: im Sand, in der Wohnung, auf einer Wiese, über einen Steinweg. Du wirst den Untergrund immer wieder ganz anders spüren: Probiere es aus!

BALANCIERKÜNSTE

Du brauchst:

- einen Besen und einen Schrubber oder mehrere Holzstäbe

Lege die Besen, zum Beispiel über Kreuz, auf den Boden und probiere aus, ob du darüberbalancieren kannst. Am besten kannst du barfuß balancieren, dann kannst du dich mit den Füßen so richtig an den Holzstielen festkrallen.

FUSSFÜHLPFAD (DRINNEN)

Entdecke eure Wohnung mit deinen Füßen! Gehe barfuß über einen Weg, den du extra für deine Füße ausgelegt hast: eine Fußmatte, ein weiches Kissen, Steinfußboden, Teppich, Fliesen …

- Was fühlt sich weich, was fühlt sich hart an?
- Was ist warm, was ist kalt?
- Wo sinken deine Füße ein?

FUSSFÜHLPFAD (DRAUSSEN)

Du brauchst:
- eine Fußmatte
- einige Steine
- Gras oder Blätter
- Moos
- ein Blatt Papier oder eine Pappe
- Sand

Baue dir draußen einen Fußfühlpfad aus verschiedenen Materialien. Lege sie auf dem Boden hintereinander aus. Vielleicht findest du noch weitere Sachen, die sich unterschiedlich anfühlen und die du auf den Boden legen kannst – natürlich nichts Zerbrechliches! Probiere den Fußfühlpfad selbst aus, indem du mit geschlossenen Augen darübergehst. Erkennst du, auf welches Material du gerade trittst? Lade auch deinen Papa oder deine Mama ein, mit geschlossenen Augen barfuß darüberzugehen. Du kannst sie dabei an der Hand nehmen und sie führen.

HÜPFSPIRALE

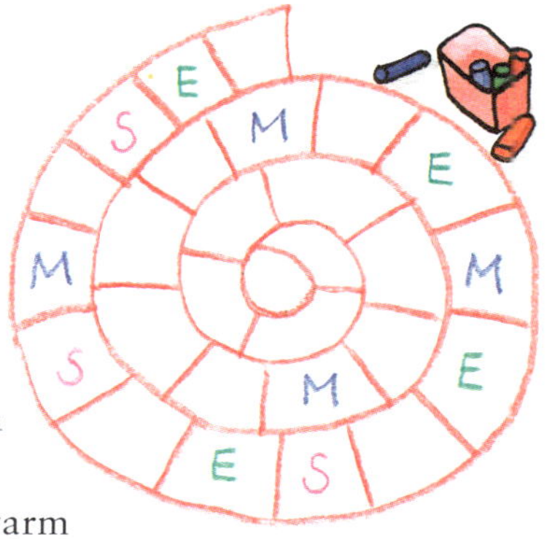

Du brauchst:

- Straßenkreide
- einen dicken Würfel
- mehrere Mitspieler oder Mitspielerinnen

Wenn es im Sommer warm ist, kannst du barfuß hüpfen, aber natürlich machen Hüpfspiele auch mit Schuhen Spaß! Malt eine Kästchen-Spirale auf den Boden. Ihr dürft der Reihe nach würfeln. Jeder hüpft auf der Spirale auf einem Bein so viele Kästchen, wie er Augen gewürfelt hat. In dieses Kästchen darf er sein Zeichen machen (Anfangsbuchstabe seines Namens). Wenn der Nächste die gleiche Zahl würfelt, muss er aussetzen. Würfelt er eine größere Zahl, muss er das markierte Kästchen überspringen. Das Spiel ist zu Ende, wenn alle den Mittelpunkt erreicht haben.

WOCHENTAGE HÜPFEN

Du brauchst:

- Straßenkreide

Male sieben Vierecke in einer Reihe auf die Straße und schreibe die Wochentage hinein.

Der Sonntag steht ganz oben. Du kannst dabei abkürzen: MO-DI-MI-DO-FR-SA-SO.
In der Reihenfolge der Wochentage darfst du nun in alle Felder springen. Erfinde dabei eigene Regeln, zum Beispiel: Der Freitag ist ein Freifeld, da darf man nicht hineinspringen, am Sonntag darf ausgeruht werden und in den Mittwoch muss man mit gekreuzten Beinen springen.

STEINCHENHÜPFEN

Du brauchst:
- Straßenkreide

Zeichne auf dem Boden zehn Kästchen hintereinander auf. Suche dir einen Stein, den du beim Hüpfen vor dir herschieben kannst. Hüpfe nun auf einem Bein von einem Kästchen zum anderen und schiebe dabei den Stein in das jeweils nächste Kästchen (erst mit dem anderen Bein das Steinchen wegschieben, dann hinterher hüpfen).
Beim letzten Kästchen drehst du dich im Sprung um und hüpfst auf dem anderen Bein zurück.
Du kannst auch probieren, das Steinchen beim Hüpfen nicht mit dem Fuß zu befördern, sondern auf verschiedenen Körperteilen zu tragen (Handrücken, freier Fuß, Unterarm).

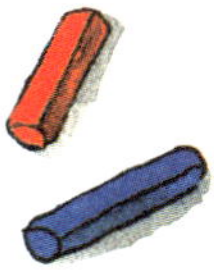

Alles aus Pappe

Wenn du mit deinen Eltern einkaufen gehst, dann schau dir einmal die leeren Pappkartons an, die in der Ecke beim Verpackungsmaterial liegen und von den Kunden mitgenommen werden können. Vor allem die Bananenkartons sind sehr stabil und gut zum Spielen geeignet. Bitte deine Eltern, zwei oder drei Bananenkartons mitzunehmen.
Zu Hause kannst du damit

- *Fahrzeuge bauen;*
- *sie anmalen, sodass ein Haus daraus wird;*
- *mit anderen Kindern Verstecken spielen.*

Hier sind einige Spielvorschläge mit den Kartons beschrieben, bestimmt fallen dir noch viele weitere ein.

AUTOFAHRT

Du brauchst:

- einen Bananenkarton
- eine glatte Unterlage, auf der der Karton gut rutscht (z. B. Teppich oder Holzfußboden in eurer Wohnung)

Probiere aus, in welchem Zimmer das Rutschen am besten klappt.

Der Bananenkarton ist groß genug, sodass du dich hineinknien kannst. Mit den Händen kannst du dich nun vor dem Karton auf dem Boden aufstützen und dich vorwärts schieben und ziehen.

SPRINGINSELN

Du brauchst:

- einen Bananenkarton

Der Bananenkarton ist so flach, dass du auch einmal versuchen kannst, hineinzuspringen. Stelle dich vor den Karton und nimm mit den Armen viel Schwung, spring dann mit beiden Füßen los und hüpfe so hoch, dass du den Rand überspringen kannst und im Karton landest. Du kannst auch versuchen, den Karton im Laufen zu überspringen.

KARTON-WEITSPRUNG

Du brauchst:

- mehrere Bananenkartons

Lege mehrere Bananenkartons hintereinander und versuche, von einem Karton in den anderen zu springen. Vergrößere dann den Abstand zwischen den Kartons.

BOOTSBAU

Du brauchst:

- einen Stock oder Besenstiel
- einen Bananenkarton

Knie dich wie bei der „Autofahrt“ in den Bananenkarton hinein (siehe Seite 56 f) und benutze den Stock oder Besenstiel wie ein Ruder. Stoße dich damit vom Boden ab, um so mit deinem Boot voranzukommen.

KARTONBAUSTEINE

Du brauchst:

- möglichst viele Schuhkartons (mit Deckel)

Bitte deine Mama oder deinen Papa, in einem Schuhgeschäft nach Kartons zu fragen. Dort bekommt man sie häufig, da viele Kunden beim

Kauf von neuen Schuhen den Karton nicht mitnehmen wollen. Wenn ihr mehrere Kartons gesammelt habt, kannst du damit prima bauen. Die Kartons sind wie große Bausteine. Man kann sie übereinander türmen. Du kannst die Bausteine aber auch im Raum verteilt auf den Boden legen und darüberspringen. Welche Spiele fallen dir noch dazu ein?

TIPP FÜR ELTERN

Nicht nur Bananenkisten, auch andere Kartons in jeder Größe sind für Kinder als Spielgeräte geeignet. Werfen Sie die Kartons von Waschmaschinen, Fernsehgeräten oder auch Umzugskartons daher nicht einfach weg. Für Kinder sind sie wunderbare Bau- und Spielmaterialien, die ihre Fantasie anregen und sie zu vielfältigen Bewegungsspielen herausfordern. Sogar aus einfachen Schuhkartons werden sie Mauern und Türme bauen.

KUSCHELBETT

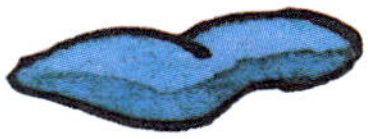

Du brauchst:

- einen Bananenkarton
- ein Kissen

Nach den anstrengenden Spielen mit den Bananenkartons kannst du dir einen Karton aussuchen, ihn in ein Kuschelbett verwandeln und dich darin ausruhen. Lege dir dazu ein kleines Kissen hinein und kuschele dich gemütlich in den Karton.

Tücher-Tänze

Bestimmt hat deine Mama einige bunte Schals oder Tücher, die sie nicht mehr trägt, mit denen man aber wunderbar tanzen oder sich verkleiden kann. Bitte sie darum, dir einige Tücher auszuleihen, und verzaubere sie in „tanzende Tücher".

SCHWINGENDE TÜCHER

Du brauchst:

- zwei leichte Tücher oder Schals

Nimm jedes Tuch in eine Hand, halte es an einer Ecke fest und versuche, es in der Luft zu schwingen. Schwinge die Tücher auf und ab. Wenn du willst, kannst du auch mit ihnen durch den Raum laufen. Vielleicht hast du sogar eine Kassette mit passender Musik, zu der du die Tücher tanzen lassen kannst.

BAUCHLANDUNG

Du brauchst:

- ein Tuch

Wirf ein Tuch in die Luft und versuche, es mit einem Körperteil aufzufangen: auf einem Arm, auf dem Kopf, auf einem Fuß, auf dem Oberschenkel, auf dem Knie, auf dem Bauch. Wo fällt das Auffangen leicht? Wo fällt es besonders schwer?

PUSTETÜCHER

Du brauchst:

- ein dünnes Chiffontuch

Chiffontücher sind so leicht, dass man sie sogar durch Pusten in der Luft halten kann. Versuche zunächst einmal, das Tuch über den Boden zu pusten. Schaffst du es, das Tuch so fest anzupusten, dass es ein kleines Stück weit fliegt? Dann wirf es in die Luft und versuche, es durch deinen Atem anzutreiben.

SCHMETTERLINGE

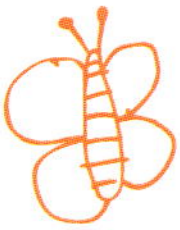

Du brauchst

- zwei farbige Chiffontücher oder leichte Schals

Nimm ein Tuch in jede Hand und stell dir vor, die Tücher seien die Flügel eines Schmetterlings. Der Schmetterling fliegt im Raum umher und lässt seine Flügel flattern. Wenn er müde ist, setzt er sich auf eine Blume (ein Kissen auf der Couch oder auf dem Boden) und ruht sich aus.

KUSCHELTIER-TRAMPOLIN

Du brauchst:
- ein Bettlaken oder ein Handtuch
- ein Kuscheltier
- Papa oder Mama zum Mitspielen

Jeder von euch fasst das Bettlaken an zwei Ecken und breitet es auseinander. Geht jetzt so weit voneinander weg, bis das Bettlaken straff gespannt ist. Legt ein Kuscheltier auf das Bettlaken und lasst es durch Lockerlassen und Straffziehen des Tuches springen. Es kann hüpfen wie auf einem Trampolin. Schafft ihr es, das Kuscheltier immer wieder aufzufangen?

Fotos:
Titel: mauritius images/Westend 61
Banana Stock: S. 16; imageshop: S. 7, 10; Ulrich Niehoff, Bienenbüttel: S. 44; Photodisc: S. 14, 20, U4

Illustrationen:
Sigrid Leberer

Velber Verlag

Projektleitung: Susanne Lesaar
Lektorat: Claudia Fahlbusch, Dürrn
Grafik: Petra Kita, Stuttgart
Repro: POINT prepress, Stuttgart
Druck und Bindung: J. P. Himmer GmbH & Co. KG, Augsburg

ISBN-13: 978-3-12-920257-9
ISBN 3-12-920257-9

Machen Sie Ihre Kinder stark!

Die neuen Förder-Ratgeber für alle, die Kinder erziehen

ELTERN FÖRDERN IHRE KINDER

ISBN 3-12-920246-3
€ (D) 6,95/sFR 12,90

ISBN 3-12-920247-1
€ (D) 6,95/sFR 12,90

ISBN 3-12-920248-x
€ (D) 6,95/sFR 12,90

ISBN 3-12-920249-8
€ (D) 6,95/sFR 12,90

ISBN 3-12-920258-7
€ (D) 6,95/sFR 12,90